O QUE ENSINA O

ESPIRITISMO

CB068099

Homenagem

Aos 150 anos de lançamento de
O Livro dos Espíritos, de Allan Kardec,
ocorrido em 18 de abril de 1857.

Agradecimentos

Emil Dario Framback

Guilherme A. Giffoni

Jadiel João Batista de Oliveira

Kátia Mendes Matoso

Marcos de Castro Leite

Marcus Alberto De Mário

Maria Lemgruber Boechat Monteiro

Nadja do Couto Valle

Paulo César Cruz Medeiros

Roberto do Nascimento Vitorino

Gerson Simões Monteiro

O QUE ENSINA O ESPIRITISMO

Com base nos artigos publicados na coluna EM NOME DE DEUS, do Jornal *Extra*

Mauad X

MAUAD Editora Ltda.
Rua Joaquim Silva, 98, 5º andar
Lapa — Rio de Janeiro — RJ — CEP: 20241-110
Tel.: (21) 3479.7422 — Fax: (21) 3479.7400
www.mauad.com.br

Preparação dos originais:
Marcus De Mario

Projeto Gráfico:
Núcleo de Arte/Mauad Editora

CIP-BRASIL. CATALOGAÇÃO-NA-FONTE
SINDICATO NACIONAL DOS EDITORES DE LIVROS, RJ.

M776q

Monteiro, Gerson Simões
O que ensina o espiritismo / Gerson Simões Monteiro. - Rio de Janeiro : Mauad X, 2007.
Homenagem aos 150 anos de lançamento de "O livro dos espíritos", de Allan Kardec
Artigos publicados na coluna "Em nome de Deus" do Jornal Extra

Inclui bibliografia

ISBN 978-85-7478-226-3

1. Espiritismo. 2. Kardec, Allan, 1804-1869. I. Título.

CDD: 133.9
CDU: 133.7

Índice

Introdução

Muitas pessoas desejam saber o que é o Espiritismo e, por extensão, o que é ser espírita de fato. Foi justamente para responder a essas duas questões que escrevemos este livro.

Procuramos, numa linguagem simples, colocar ao alcance de todas as pessoas os princípios fundamentais do Espiritismo, utilizando os artigos publicados aos domingos na coluna "Em Nome de Deus", do jornal *Extra*. Não seguimos a ordem cronológica de edição, e sim uma classificação por assunto, revisando os textos para compor esta obra.

O livro que você vai ler aborda os princípios do Espiritismo, ou Doutrina Espírita, segundo Allan Kardec na obra *A Gênese*, que são:

1. a existência de Deus;
2. a imortalidade da alma;
3. a evolução do Espírito através da reencarnação; e
4. a comunicação com os Espíritos desencarnados.

Além desses princípios básicos ou fundamentais, focalizamos alguns outros complementares, tais como mundos habitados, lei de ação e reação, influência dos Espíritos na nossa vida, expiação e provas, etc.

Você encontrará informações acerca do que fala o Espiritismo sobre o suicídio, aborto, pena de morte, eutanásia, anjo de guarda, necessidade do perdão, a felicidade, o valor da oração e outros assuntos que respondem às seguintes dúvidas:

Quem sou?

De onde venho?

Por que existo?

Para onde vou?

Agora é só ler, interagindo com os textos, isto é, procurando responder às perguntas iniciais de cada capítulo para consolidar o seu conhecimento a respeito dos diversos ensinos proporcionados pela Doutrina Espírita, codificada por Allan Kardec.

O Autor

Rio de Janeiro, 18 de abril de 2007

150 anos de publicação de *O Livro dos Espíritos*

1. O Que é Ser Espírita

Antes de ler o texto, tente responder às seguintes perguntas:

1. O que é ser espírita? Em que se baseia a sua crença?
2. Há diferença entre ser espírita e ser um verdadeiro espírita?

Agora que você já tem suas respostas, leia o texto deste capítulo e compare.

Quando você pergunta de que forma uma pessoa se torna espírita, podemos responder dizendo: é quando ela admite e crê nos seguintes princípios básicos (ou fundamentais) da Doutrina Espírita, codificada por Allan Kardec:

1°) Na existência de Deus, criador de todas as coisas que se encontram no Universo, isto é, os espíritos encarnados e desencarnados e o mundo material.

2°) Na imortalidade da alma, que sobrevive após a morte do corpo físico. É bom que se diga que isso foi comprovado cientificamente por Allan Kardec, através de procedimentos por ele concebidos, aos quais submeteu as inúmeras mensagens recebidas por diversos médiuns.

3°) Na evolução de todos os espíritos pela reencarnação. Criados por Deus na condição de simples e ignorantes, isto é, sem conhecimento algum e sem nenhum progresso moral, eles podem, através das reencarnações, atingir a perfeição espiritual, a mesma conquistada por Jesus.

4°) Na comunicação dos espíritos desencarnados com os encarnados, tal como aconteceu no Monte Tabor, segundo a Bíblia, quando dois mortos – os espíritos Elias e Moisés – conversaram com Jesus.

A pessoa, portanto, aceitando pela fé raciocinada esses princípios fundamentais do Espiritismo, pode ser considerada espírita. No entanto, reconhecemos o verdadeiro espírita por sua transformação moral, conforme conceituação de Allan Kardec no capítulo "Sede Perfeitos" de *O Evangelho Segundo o Espiritismo*. A transformação moral do espírita se dá quando ele pratica a caridade em toda a sua extensão e procura melhorar-se moralmente no modo de pensar e de agir.

Podemos afirmar que Chico Xavier foi exemplo de um verdadeiro espírita, como foi Bezerra de Menezes – o médico dos pobres –, quando ambos estiveram entre os encarnados. Suas vidas são exemplos de humildade, de abnegação, de profundo respeito ao sofrimento alheio e de amor ao próximo, por terem adotado como lema: FORA DA CARIDADE NÃO HÁ SALVAÇÃO.

Agora, respondendo às duas perguntas iniciais, temos as seguintes respostas:

1ª Resposta: Ser espírita é crer na existência de Deus; na imortalidade da alma; na evolução do espírito pela reencarnação; e na comunicação dos espíritos.

2ª Resposta: O verdadeiro espírita, além de admitir e crer nos princípios fundamentais do Espiritismo, utiliza-os para modificar a sua conduta, tendo como lema: "Fora da caridade não há salvação".

Sugestões para leitura

Leia, para consolidar esses ensinamentos, os livros:

- *A Gênese*, publicada por Allan Kardec, capítulo 18, item 17, "Sinais dos Tempos", editado pela Federação Espírita Brasileira (FEB); e

- *O Evangelho Segundo o Espiritismo*, de Allan Kardec, cap. 17, item 3, "Os Bons Espíritas", editado pela FEB.

2. Da Existência de Deus

Tente responder, antes de ler este capítulo, às seguintes perguntas:

1. Qual a prova da existência de Deus?
2. Qual a definição ou conceituação de Deus?

Agora compare suas respostas com a explicação espírita sobre Deus.

Quando cursava o primário no Colégio João Lira, em 1946, recordo perfeitamente que declamava a seguinte poesia de Casimiro de Abreu: "Eu me lembro! Eu me lembro! / Era pequeno e brincava na praia. / O mar bramia e, erguendo o dorso altivo, sacudia / A espuma branca para o céu sereno. / E eu disse à minha mãe nesse momento: / - Que dura orquestra! Que furor insano! / Que pode haver maior que o oceano? / Ou que seja mais forte do que o vento? / Minha mãe a sorrir olhou pr'os céus / E respondeu: - Um ser que nós não vemos / É maior do que o mar que nós tememos. / Mais forte que o tufão, meu filho, é Deus!"

Por essas estrofes podemos concluir que, para se crer em Deus, não é preciso ser religioso, pois basta lançarmos o nosso olhar sobre as obras da Criação e usarmos um raciocínio que a própria ciência aplica: "Não há efeito sem causa". Se procurarmos a causa de tudo o que existe no Universo, e que não é obra do homem, chegaremos a conclusão lógica de que trata-se de uma obra de Deus. Eis porque a Doutrina Espírita assevera que "Deus é a inteligência suprema, causa primeira de todas as coisas", conforme a primeira questão de *O Livro dos Espíritos*, de Allan Kardec.

Ora, se o Universo existe, logo tem uma causa. Duvidar de que essa causa seja Deus é negar que todo efeito tem uma causa, e admitir que o "nada" pôde fazer alguma coisa. Quem poderia ter criado as inúmeras estrelas disseminadas no espaço infinito? Segundo o pensador francês La Bruyère, "a impossibilidade de provar que Deus não existe é a melhor prova de sua existência". Aliás, instintivamente pode-se crer também na existência de Deus, pois esta é uma idéia universal que se observa mesmo nas criaturas mais atrasadas ou selvagens.

Outro vulto notável do pensamento francês foi Voltaire. Seu raciocínio é prático ao afirmar: "O Universo me espanta e não posso imaginar que este relógio exista e não tenha um relojoeiro". Portanto, podemos afirmar que esse "grande relógio", esse incomensurável mecanismo que é o Universo, foi projetado e executado por uma grande inteligência, a que denominamos Deus – o Grande Arquiteto. Tudo isso confirma o que o salmista asseverou: "Os céus declaram a Glória de Deus e o firmamento as obras de Suas mãos".

Respondendo às perguntas iniciais, temos:

1ª Resposta: Basta lançar um olhar sobre as obras da criação. O Universo existe, logo tem uma causa e ela é Deus.

2ª Resposta: Deus é a inteligência suprema, causa primária de todas as coisas.

Sugestões para leitura

Leia, para entender ainda mais este assunto, as obras:

O Livro dos Espíritos. Allan Kardec. 1ª parte, questões 1 a 4. Editado pela FEB e por outras editoras.

O capítulo intitulado "Da existência de Deus", ditado pelo Espírito Meimei, do livro *Idéias e Ilustrações*, psicografado pelo médium Francisco Cândido Xavier, editado pela Federação Espírita Brasileira (FEB).

3. Provas da Imortalidade da Alma

Eis uma questão que merece resposta:

1. Alguém depois de morto já voltou para demonstrar que a vida continua?

Tente lembrar de algum fato desse tipo e depois leia o texto deste capítulo.

O programa "Fantástico", do dia 23 de outubro de 1981, apresentou um fato ocorrido na década de 1950, com um médico, residente em Duque de Caxias (RJ), que na época era materialista. Disse ele, no seu relato, que foi despertado, de madrugada, por uma voz chamando-o à porta. Ao abri-la, uma menina de seus 10 anos, molhada de chuva, pediu-lhe ajuda para a mãe doente.

Imediatamente, passou a mão na maleta, colocou a menina dentro do carro e foi prestar socorro. Pela madrugada adentro, atravessando caminhos enlameados pela chuva, a certa altura dirigiu-se à menina, surpreso por tê-lo encontrado, pois sua residência ficava longe do local onde ela morava. Além disso, os obstáculos, segundo percebia, eram muito grandes para uma garota daquela idade ultrapassar.

Chegando ao pobre casebre, o médico tratou de medicar a enferma, que se encontrava prostrada em cima de uma cama, num estado pré-comatoso, ocasionado por uma pneumonia.

Ao amanhecer, a mulher, já podendo falar um pouco, estranhou a presença do médico no barraco, perguntando-lhe, inclusive, a forma pela qual tinha sido avisado de seu estado. O médico, ao responder que tinha sido chamado pela sua filha, ouviu da enferma a informação de que ela e sua única filha estavam muito doentes; que a menina havia morrido dois dias antes e que o corpo encontrava-se no outro quarto.

O médico, ao entrar no referido quarto, com grande surpresa, deparou-se com o cadáver da menina, constatando ser a mesma que havia batido à sua porta, naquela madrugada, pedindo socorro para a sua mãe.

Como Deus nunca está pobre de misericórdia, permitiu que o espírito da filha se tornasse visível ao médico, para que, embora materialista, mas possuidor de grande amor ao próximo, pudesse ajudar a sua mãe enferma na Terra. Pelo visto, contra fatos não há argumentos.

Se você quiser mais explicações a respeito do fenômeno mediúnico apresentado pelo programa "Fantástico", leia o capítulo VI de *O Livro dos Médiuns*, de Allan Kardec. Neste capítulo, ele esclarece que as manifestações visuais são permitidas para dar ao homem a prova de que nem tudo morre com o corpo e que a alma conserva a sua individualidade após a morte.

Diante do fato que acabamos de narrar, e de tantos outros existentes, podemos responder à pergunta da seguinte maneira:

Resposta: Sim, os chamados "mortos" podem voltar e se apresentar aos "vivos", porque na verdade todos somos almas imortais e a vida continua depois da morte. E Deus, nosso Pai, por misericórdia, permite que os Espíritos auxiliem aqueles a quem amam e que continuam na Terra.

Sugestão para leitura

Leia sobre esse tema:

O capítulo 6 de *O Livro dos Médiuns*, de Allan Kardec, editado pela FEB.

4. A Evolução do Espírito

Responda a estas duas questões:

1. Você acredita que Deus, ao nos criar, deseja que alcancemos a mesma evolução espiritual de Jesus?
2. E Jesus? Teria sido criado perfeito ou reencarnou muitas vezes até chegar à condição de puro espírito?

Está com dúvidas? Então leia o texto abaixo.

De acordo com a Doutrina Espírita, se Deus é Justiça Suprema, é claro que todos os Espíritos criados por Ele tiveram o mesmo ponto de partida, isto é, sem saber e sem progresso moral: todos foram criados simples e ignorantes.

Isso significa que, em nossa origem, não possuíamos nem senso moral, nem desenvolvimento intelectual, conforme a questão 11 de *O Livro dos Espíritos*, de Allan Kardec.

É importante dizer ainda que, antes de o Espírito encarnar como homem e na condição de princípio inteligente, ele passou pelo reino animal, segundo se referem as questões 606 e 607 de *O Livro dos Espíritos*.

O Espírito, então, até atingir a perfeição espiritual como a de Jesus, reencarna inúmeras vezes em mundos de categorias diferentes, segundo o grau de atraso ou de adiantamento de seus habitantes. Isso confirma o que disse Jesus: "Há muitas moradas na casa de meu Pai", ou seja, existem outros mundos habitados além da Terra.

No Universo, a casa de Deus, a Terra, por exemplo, sendo um planeta de expiações e provas, ocupa o segundo grau na escala dos mundos habitados. Ela já foi um orbe primitivo (1° grau), está passando para a categoria de mundo de regeneração (3° grau), posteriormente será um mundo feliz (4° grau) e depois um mundo celestial (5° grau).

As reencarnações, pelo visto, são cursos necessários para a evolução do Espírito nas diversas escolas que são os mundos habitados. Quando o Espírito, pelo seu livre-arbítrio, se afasta das leis de Deus, entrando pelo caminho do mal, ele sofre as conseqüências do seu erro em outras reencarnações. É como o aluno que repete o ano até passar, ou seja, até voltar ao caminho do bem. Neste sentido, todos os Espíritos, por mais criminosos que sejam, um dia alcançarão a perfeição e a pureza espiritual. Tudo isso acontece porque Deus ama todos os Seus filhos e deseja que todos sejam felizes!

Agora, respondendo às perguntas, o correto é dizer que:

1ª Resposta: Sim, Deus deseja que todos os Seus filhos alcancem a perfeição, e Jesus é o guia e modelo que Ele apresentou ao homem.

2ª Resposta: Como todos os Espíritos, Jesus também teve o mesmo ponto de partida, reencarnando quantas vezes tenham sido necessárias nas diversas moradas do Universo, até chegar à condição de Espírito puro.

Sugestão para leitura

Amplie seu conhecimento sobre este assunto e sobre o Espiritismo, lendo o livro *Espiritismo e Cultura*, de Marcus De Mario, publicado pela Mauad Editora.

5. Comunicação com os Espíritos

Responda à seguinte questão:

Com que finalidade os Espíritos desencarnados se comunicam com os homens?

Agora, para saber se sua resposta está correta, leia o texto abaixo:

A comunicação com os Espíritos desencarnados tem duas finalidades. A primeira é a de nos mostrar o caminho do bem, para realizarmos o nosso progresso moral. A segunda é a de nos consolar diante das provas da vida.

Em relação à primeira finalidade, destacamos os livros psicografados pelo médium Chico Xavier. Todos eles são voltados para a moralização e o crescimento espiritual das criaturas humanas.

Quanto à segunda finalidade, eu mesmo recebi consolo nos idos de 1980, em reuniões de materialização de Espíritos. Nelas, o médium de efeitos físicos fica deitado e seu corpo – desmaterializando-se por ação dos instrutores espirituais – passa a fornecer ectoplasma, substância com a qual os Espíritos têm a possibilidade de se materializar.

Foi nessas reuniões que fui abraçado e beijado pelos Espíritos materializados de meus pais e de um dos meus filhos – desencarnado em conseqüência de um câncer com 1 ano e 10 meses –, dos quais recebi conforto e coragem para viver. Essas comunicações com os chamados mortos são permitidas por Deus e não têm nada de satânico ou demoníaco.

É bom esclarecer: o que Moisés proibiu no Deuteronômio foi a prática da necromancia, que consistia na adivinhação por meio de evocações. A pitonisa – o que chamamos de médium nos dias de hoje –, em vez de servir de canal da espiritualidade para esclarecer o povo hebreu quanto aos mandamentos divinos, era usada de forma bem materialista. Passou a receber milhares de consultas a respeito de como ganhar guerras contra os estrangeiros, conquistar rebanhos indefesos ou tomar posse dos bens do vizinho, e coisas desse tipo.

O legislador do povo hebreu, diante disso, proibiu somente a exploração comercial da mediunidade, ou seja, as consultas sobre os mais rasteiros interesses da vida material. Tanto isso é verdade que ele aprovou as atividades mediúnicas de Eldad e Medad, mesmo depois da sua proibição (Números II, 26:29), pelo fato de as comunicações espirituais, através desses médiuns, terem o exclusivo propósito de orientar moralmente seus contemporâneos.

Por último, lembramos que o próprio Moisés, já no plano espiritual, materializou-se juntamente com Elias, no Monte Tabor, oportunidade em que conversaram com Jesus, provando, com isso, que não estavam contrariando as leis de Deus.

Respondendo à pergunta inicial deste capítulo, temos:

Resposta: Os Espíritos se comunicam com os homens com a permissão de Deus para nos instruir no caminho do bem, e também para nos consolar diante das diversas provas que temos de sustentar nesta existência.

Sugestão para leitura

Leia o item VIII da Conclusão de *O Livro dos Espíritos*, apresentado por Allan Kardec.

6. Transformação Moral

Responda com sinceridade:

Você algum dia decidiu mudar sua vida e se transformou realmente? Com essa decisão, você compreendeu a verdadeira significação do "amar a Deus sobre todas as coisas e ao próximo como a si mesmo", ensinado por Jesus, e passou a praticar esse mandamento?

Bem, conheça agora o pensamento espírita sobre a transformação moral.

Qualquer pessoa, independentemente da religião que professe, pode ter a sua estrada de Damasco nesta existência, porque é isso que salva qualquer criatura das sombras do mal e a conduz ao caminho da perfeição espiritual.

Essa estrada, como se sabe, representa o marco da transformação de Saulo de Tarso, de implacável perseguidor dos primeiros cristãos a um dos maiores divulgadores do Evangelho de Jesus. E sua conversão ao bem aconteceu em pleno deserto, quando se dirigia a Damasco, com o fim de prender Ananias, líder do cristianismo naquela cidade. Na ocasião, o

Cristo, nimbado de luz, vem ao seu encontro e, em dulcíssima voz, lhe diz: "Saulo!... Saulo!... por que me persegues?"

Saulo, rendido, indaga: "Quem sois vós, senhor?"

"Eu sou Jesus", responde-lhe a visão.

Sob forte emoção e abundantes lágrimas, notou que Jesus se aproximava, dizendo com paternal carinho: "Não recalcitres contra os aguilhões".

Saulo compreendeu e entregou-se por inteiro, incondicionalmente, perguntando: "Senhor, que queres que eu faça?"

E Jesus respondeu: "Levanta-te, Saulo! Entra na Cidade e lá te será dito o que te convém fazer!" Saulo, porém, não tinha mais a visão de Jesus e sentiu-se mergulhado em sombra. Estava cego.

Guiado por Jacó, um dos companheiros de viagem, o jovem doutor da lei retoma o caminho para Damasco, instalando-se numa hospedaria. Após três dias de disciplina espiritual, Ananias vai ao seu encontro, por determinação de Jesus, e ao impor suas mãos nos olhos de Saulo, caem de suas vistas como que escamas, e a visão lhe é restituída.

Saulo, ao receber o chamado de Cristo, batizado posteriormente com o nome de Paulo, negou a si mesmo, arrependeu-se, tomou a sua cruz e seguiu-O até o fim de sua vida.

Agora que você conhece essa história comovente da transformação de Saulo em Paulo de Tarso, podemos responder à pergunta que inicia este capítulo da seguinte forma:

Resposta: Todos nós podemos, e devemos, fazer nossa transformação moral, utilizando para isso o poder da vontade, que fica mais forte sempre que sintonizamos a mensagem do Evangelho, pois então recebemos o auxílio dos Espíritos benfeitores e do próprio Mestre Jesus.

Sugestão para leitura

Leia o romance histórico psicografado pelo médium Francisco Cândido Xavier, ditado pelo Espírito Emmanuel, sobre a vida de Paulo de Tarso, *Paulo e Estevão*, editado pela Federação Espírita Brasileira.

7. Reencarnação e Esquecimento do Passado

Pense e reflita:

1. É importante saber quem fomos em outras reencarnações?
2. Se não lembramos do passado, qual a razão para isso?

Agora leia o texto e saiba porque não lembramos o que fomos em outras vidas.

Se somos trazidos à Terra para esquecer o nosso passado, valorizar o presente e preparar em nosso benefício um futuro melhor, por que provocar a regressão de memória por mera curiosidade e sem objetivos superiores?

Neste sentido, trazemos à lembrança a seguinte trova do poeta Cornélio Pires, pela mediunidade de Chico Xavier:

"Tivemos nós muitas vidas/ bem antes de Moisés. Não busque saber quem foste, / procure saber quem és".

Por outro lado, o esquecimento do passado é a melhor terapia de Deus em favor do nosso equilíbrio espiritual, no dizer do trovador do além:

"Curando-nos o passado/ delituoso e violento, / Deus nos cede a terapia/ do amor e do esquecimento".

Em realidade, a nossa existência apresenta sempre as provas e tarefas que, em síntese, são a recapitulação do nosso passado. É para melhor expressar essa idéia que novamente Cornélio Pires, pelo lápis de Chico Xavier, nos diz:

"Caso esquisito! / Um guerreiro da Antigüidade esquecida/ é hoje um cirurgião/ que ampara e reforma a vida".

Como Deus não manda ninguém para o inferno, que, aliás, não existe, porque Ele deseja que todos os seus filhos um dia sejam perfeitos, permitiu ao guerreiro de outrora, que mutilou e tirou a vida de muitas criaturas, encarnar de novo na Terra. Com o devido esquecimento do seu passado criminoso, ele teve a oportunidade de reparar o mal cometido no exercício da nobre missão de cirurgião, restaurando corpos por meio de delicadas cirurgias reparadoras.

Portanto, se o que importa é saber quem somos, basta analisarmos nossas tendências instintivas e seguirmos o conselho de um sábio da Antigüidade: "Conhece-te a ti mesmo".

Assim, podemos responder às duas perguntas da seguinte forma:

1ª Resposta: Não, não é importante sabermos quem fomos nas outras reencarnações, pois mais importante é saber quem somos e o que estamos fazendo agora, nesta existência, lembrando que a prática do bem ao próximo é o que nos garante um futuro melhor.

2ª Resposta: Deus não permite que lembremos do passado para podermos, sem essa lembrança, melhor viver a atual existência, sem recordações que poderiam dificultar a construção de nós mesmos.

Sugestões para leitura

Leia sobre este assunto: as questões 392 a 399 de *O Livro dos Espíritos*; e o item 11 do capítulo V, "Esquecimento do Passado", de *O Evangelho segundo o Espiritismo*, publicado por Allan Kardec e editado pela FEB.

8. O Acaso Não Existe

Antes de responder nossa pergunta, reflita bem:

Como podemos entender a Justiça Divina diante dos terremotos que atingem diversas partes do planeta, matando milhares de pessoas de todas as idades e de todas as condições?

Está difícil responder? Veja em nosso texto a explicação espírita, natural e lógica.

Para podermos entender essa questão, é importante saber como funciona a lei de ação e reação enunciada por Jesus: "A cada um será dado segundo as suas obras".

Em primeiro lugar, se na condição de indivíduos fazemos o bem, sempre recebemos o bem na vida, da mesma maneira que quando praticamos o mal, recebemos esse mal de volta.

Por força dessa lei, cada um de nós sofre individualmente, na Terra, as conseqüências dos erros praticados nesta encarnação, ou em outras anteriores.

Agora, da mesma forma que a lei de ação e reação age sobre o indivíduo, age também sobre as individualidades coletivas, ou seja, famílias, grupos de pessoas, uma raça, ou uma nação.

Imaginemos guerreiros do passado que destruíram cidades, arrasaram lares, mantendo mulheres e crianças sob os escombros de suas casas, fazendo milhares de vítimas. É lógico que esses guerreiros, ao encarnarem na Terra, em novos corpos, venham a sofrer "na pele" o mesmo mal causado às suas vítimas indefesas de ontem, por meio de um terremoto. É a lei de ação e reação funcionando por intermédio da dor coletiva.

Respondendo à pergunta, entendemos que:

Resposta: A Justiça Divina é perfeita, funcionando como lei de conseqüência, ou seja, cada um responde apenas por si mesmo, individualmente ou coletivamente, e os terremotos, bem como outros cataclismos naturais, servem de instrumento para a necessária expiação coletiva dos erros cometidos em vidas passadas.

Sugestão para leitura

Leia em *Obras Póstumas* o estudo de Allan Kardec sobre "Expiações Coletivas", apresentado no capítulo "Questões e Problemas".

9. O Que é a Morte?

Aqui vai uma pergunta:

Por que muitas pessoas sentem medo da morte? E você, a propósito, ainda tem?

Agora, sem medo, leia a explicação espírita sobre esse fenômeno.

Antes de qualquer coisa, temos de lembrar que o homem é um ser constituído de corpo e alma. Quando suas forças vitais se extinguem, ocasionando a falência orgânica, a alma se desprende do corpo e passa a viver em outro plano: o mundo dos espíritos.

A vida, portanto, cessa unicamente para o corpo, não para a alma, pois ela é imortal. Ora! Se a morte é simplesmente uma passagem para o "outro lado", onde a vida continua, por que tantas pessoas têm medo da morte?

Esse temor existe naqueles que tiveram uma educação religiosa imprecisa na infância, segundo a resposta à questão 941 de *O Livro dos Espíritos*, de Allan Kardec. Isto porque, desde cedo, essas pessoas ouvem dizer que há um inferno e um paraíso, e que há 99% de chance de elas irem para o inferno, para serem queimadas eternamente.

E mais: ouviram também dizer que tudo o que está na natureza constitui pecado mortal para a alma. O sexo, por exemplo, que foi criado por Deus para a perpetuação da espécie, é tido como pecado. Tudo é feio, tudo é imoral.

Sucede, então, que essas pessoas, quando se tornam adultas e persistem nas suas crenças recebidas na infância, ainda temem o "fogo eterno" criado pela mente maldosa do homem, não por Deus! Ficam apavoradas diante do fenômeno inevitável da morte, já que não são virtuosas como Chico Xavier, Francisco de Assis ou Madre Tereza de Calcutá.

É pela certeza de que a vida continua no "mais além" e de que Deus – Pai de amor e bondade – jamais criou o inferno para torturar Seus filhos, por desejar a felicidade de todos eles, que os espíritas encaram a morte normalmente e mantêm a serenidade nos seus últimos momentos na Terra.

E aqui vai nossa explicação:

Resposta: Muitas pessoas têm medo da morte por não acreditarem na existência da alma, ou por terem uma falsa idéia do que poderá acontecer com elas depois do túmulo.

Sugestão para leitura

Leia sobre este assunto o livro publicado por Allan Kardec: *O Céu e o Inferno*, editado pela FEB.

10. O Aborto e o Espiritismo

Com relação ao assunto, responda:

1. Você acredita que a mulher tem o direito de decidir sobre uma outra vida? No caso, a do filho em formação no ventre?
2. Será que a ciência, instrumento de Deus para o progresso do homem, deve ser usada contra a vida?

Compare o seu pensamento com o pensamento espírita, acompanhando o texto abaixo.

A união da alma e do corpo começa na concepção, segundo *O Livro dos Espíritos*, de Allan Kardec. Portanto, se o feto tem alma, será crime provocar o aborto em qualquer período da gestação, porque se trata de uma transgressão da Lei de Deus.

No entanto, a Doutrina Espírita somente admite o aborto necessário ou terapêutico quando, esgotados todos os recursos, realmente não há outro meio de salvar a vida da gestante. Inspira-o a prevalência do interesse de preservar a vida da mãe, que assim poderá, mais adiante, engravidar em condições mais favoráveis e trazer, não só uma, mas muitas outras vidas à luz.

Já inteiramente diverso é o raciocínio a ser desenvolvido no caso de a gravidez resultar de estupro ou de atentado violento ao pudor. Ou seja, o aborto "honoris causa", isto é, por causa da honra. Há de considerar-se que a repugnância, a reação justa da vítima do clamoroso crime de estupro, deve ser direcionada contra o criminoso de modo exclusivo, porquanto foi ele, o bruto, quem ofendeu os sentimentos, a liberdade sexual, a privacidade e até mesmo a integridade física de uma mulher.

O que é mais condenável: violentar uma mulher ou assassinar um nascituro indefeso? Um crime não tem o dom de apagar o outro. E em nome de uma falsa ética, ofendem-se a própria ética e a lei natural!

Os espíritas também não admitem o aborto eugênico! Ou seja, a prática do aborto fundada na probabilidade, atestada por médicos, de o nascituro apresentar graves e irreversíveis anomalias físicas ou mentais. Trata-se de invocação infeliz e que pode até implicar a facilitação do aborto criminoso. Em nome de uma simples probabilidade, destruir uma vida nascente.

Por outro lado, no estado evolutivo atual da tecnologia médica, não se pode falar em graves e irreversíveis anomalias físicas ou mentais. A ciência tem alternativa, e as cirurgias corretivas, assim como os tratamentos medicinais, são uma prova disso.

Conhecendo o pensamento espírita, podemos responder às perguntas da seguinte maneira:

1ª Resposta: A vida pertence a Deus e o nascituro é uma alma imortal, uma individualidade, portanto a mulher não pode dispor sobre uma vida que não é sua.

2ª Resposta: A ciência deve auxiliar a vida, tudo fazendo para que o bebê nasça sem maiores problemas, pois ela é instrumento divino para auxiliar o homem no seu progresso.

Sugestões para leitura

Consulte sobre esse assunto as questões 344 a 360 de *O Livro dos Espíritos*, publicado por Allan Kardec e editado pela FEB; e a obra *O Que Dizem os Espíritos sobre o Aborto*, organizada por Juvanir Borges de Souza e publicada também pela FEB.

11. Aparecendo em Dois Lugares

Leia com atenção a pergunta e veja se você é capaz de responder:

Será possível a alguém aparecer ao mesmo tempo em dois lugares diferentes?

Se você conhece algum caso, mas não sabe explicar o fenômeno, leia com atenção o texto deste capítulo.

Em Lisboa, um amigo e vizinho de Martim de Bulhões, pai de Santo Antônio, matou por inimizade um jovem de família importante e escondeu o cadáver no quintal da casa de Martim, que, embora inocente, foi condenado à morte.

O cortejo que levava Martim de Bulhões para ser decapitado, ao passar pela igreja onde fora sepultado o jovem, deteve-se diante da presença de Antônio de Pádua, que, naquele momento, pregava numa igreja da cidade de Pádua, na Itália. Nesse instante, o Espírito materializado do jovem levanta-se da cova a mando de Antônio e narra toda a verdade, apontando o verdadeiro criminoso. O "morto", ao finalizar a sua narrativa, desaparece, livrando Martim de pagar por um crime que não cometera.

Os fiéis de Antônio de Pádua, que assistiam ao seu sermão na Itália, não acreditaram no seu relato posterior do acontecido. No entanto, mais tarde tiveram a confirmação da sua ajuda ao pai, quando chegaram as informações de Portugal.

No momento da ocorrência do fenômeno de bicorporeidade, Antônio de Pádua cessou de falar e seu corpo, inclinando-se para o púlpito, ficou imobilizado, dando a impressão de estar dormindo. Esse fato anímico, isto é, provocado pelo próprio Espírito quando encarnado, nada tem de sobrenatural: simplesmente a alma de Antônio desprendeu-se do corpo, que ficou paralisado, e seu perispírito, ou seja, o corpo semimaterial da alma, tomou forma materializada em Portugal.

Nós já abraçamos na cidade de Caratinga, MG, no Grupo Espírita Dias da Cruz, o espírito do médium Chico Xavier materializado, enquanto o corpo repousava na cidade de Uberaba. Confirmamos pessoalmente esse fato com o próprio Chico Xavier.

Allan Kardec, em *O Livro dos Médiuns*, no capítulo VII, da segunda parte, trata da bicorporeidade, citando inclusive o caso de Santo Afonso de Liguori, canonizado antes do tempo por haver se mostrado simultaneamente em dois lugares.

Agora, podemos responder à pergunta que abre este capítulo:

Resposta: Sim, é possível a alguém aparecer em dois lugares diferentes ao mesmo tempo, desde que se desprenda do corpo e materialize seu perispírito, ou corpo espiritual, em outro lugar. Esse fenômeno chama-se bicorporeidade.

Sugestões para leitura

Sobre materialização, indicamos o capítulo 10 do livro *Missionários da Luz*, pelo Espírito André Luiz, psicografado por Chico Xavier, e também o livro *Estudando a Mediunidade*, capítulos 42, 43 e 44, de Martins Peralva, ambos editados pela FEB.

12. O Diabo Nunca Existiu

Responda, com toda sinceridade:

Você acredita na existência do Diabo?

Leia o texto abaixo para compreender o pensamento espírita sobre essa questão.

Deus jamais seria capaz de criar um espírito para ser mau eternamente. Basta raciocinar. Se Deus é a Bondade Suprema, como poderia ser tão perverso com um de seus filhos, sem dar-lhe uma chance de ser bom e de caminhar na estrada do bem? Por outro lado, se nós, seres humanos, que ainda somos atrasados moralmente, sempre oferecemos ao filho que erra uma nova oportunidade para ele se modificar, como é que o Pai Celestial, soberanamente justo e bom, não iria oferecer idênticas oportunidades às criaturas humanas tão falíveis?

Muitas pessoas abandonam suas crenças e acabam no materialismo exatamente por não concordarem com um Deus injusto que lhes é imposto, isto é, o Deus que foi capaz de construir fornalhas para queimar as almas pecadoras por toda a eternidade, e de criar o pobre "Diabo", não dando a ele nenhuma possibilidade de pedir demissão do cargo de chefe do inferno.

Mas como Deus é amor, no dizer de João Evangelista, e deseja a felicidade de todos os seus filhos, Ele possibilita a todos os Espíritos criados simples e ignorantes, isto é, sem moral e sem saber, reencarnarem muitas vezes neste mundo ou em outros mundos, até alcançarem a perfeição espiritual. Por essa razão, todos nós chegaremos ao mesmo grau de perfeição conquistado por Jesus. Afinal, segundo Ele mesmo afirmou: "Vós podeis fazer o que eu faço e mais ainda".

Na verdade, o inferno é simplesmente a representação da consciência culpada, como o céu é o estado de felicidade íntima daquele que procede no bem. Logo, a alma que vive temporariamente mergulhada nas chamas do remorso será, no futuro, através das experiências reencarnatórias, um espírito bom e moralizado.

Portanto, o Espírito atrasado que apelidaram de diabo, demônio, satanás, etc., um dia, pelas portas abençoadas da reencarnação, será um Espírito redimido e bem-aventurado. Dessa forma, o "Diabo" de hoje, ou melhor, o espírito que ainda se compraz em praticar o mal, será o anjo de amanhã.

Respondendo à pergunta que inicia este capítulo, temos:

Resposta: Os espíritas não acreditam na existência do Diabo, pois Deus não poderia criar alguém para cometer o mal eternamente. Todos os Espíritos evoluem, e todos, sem exceção, chegarão à perfeição.

Sugestão para leitura

Sugerimos sobre o assunto os capítulos IV e IX do livro *O Céu e o Inferno*, de Allan Kardec.

13. Dia de Finados

Responda:

Orar e chorar pelos mortos, no cemitério, no dia 2 de novembro, é uma forma de cumprir a Lei de Deus?

Veja o que o Espiritismo pensa a respeito.

Todos os dias podemos orar para os chamados "mortos", como também podemos dirigir nossas orações aos desencarnados de qualquer lugar onde estivermos, e em razão disso, no dia 2 de novembro, não precisamos fazê-las dentro dos cemitérios. Se os Espíritos permanecessem presos aos seus despojos carnais, até que seria admissível orar diante de suas sepulturas, para amenizar os tormentos provocados pelo odor fétido dos corpos em decomposição. Mas esse, definitivamente, não é o caso.

E para melhor esclarecer essa questão, é importante saber que muitas almas, ao abandonarem seus corpos por ocasião da morte, passam a viver nas colônias e cidades do mundo espiritual. Outras almas voltam a reencarnar em nosso planeta ou em diversos mundos habitados; e um grande número delas permanece convivendo conosco, inclusive participando de nossas lutas diárias, sofrendo e chorando ao nosso lado.

O Espiritismo, aliás, nos esclarece que é muito bom lembrarmos, em oração, dos nossos entes queridos, pois, se já são felizes, aumentamos a felicidade deles; se estiverem sofrendo espiritualmente pelo mal praticado na Terra, suavizamos suas dores e angústias morais, principalmente se cometeram o suicídio.

Mas agora, se você quer saber mesmo, até por curiosidade, o que se passa no cemitério durante as comemorações de Finados, leia a "Carta de Um Morto", na qual ele relata a tragédia de ter o seu corpo enterrado no dia 2 de novembro. Essa peça está publicada no livro *Cartas e Crônicas*, psicografado pelo médium Chico Xavier e ditado pelo Espírito Humberto de Campos.

Na referida carta psicografada, o "morto" conta que, logo à entrada do cemitério, ele, como Espírito, foi retirado bruscamente do coche fúnebre por centenas de Espíritos desencarnados, que o apalparam curiosos, entre o sarcasmo e a comiseração. Na carta, ele fala também que mal pôde ouvir a prece que alguns amigos lhe consagravam, porque de repente uma turba de almas sofredoras e revoltadas, que acompanhavam os visitantes terrestres, o arrebatou de perto da esposa em lágrimas. E vai por aí. Vale a pena ler essa carta na íntegra, porque ela contém muitas informações surpreendentes, que você nem é capaz de imaginar.

Agora, respondendo à pergunta que fizemos:

Resposta: Entendendo que somos almas imortais, e, portanto, que a vida continua depois da morte do corpo, que fica em decomposição no cemitério, nosso comparecimento a esse local não é necessário, pois podemos orar aos nossos entes queridos e amigos em qualquer ocasião e em qualquer lugar.

Sugestão para leitura

Saiba mais sobre a Comemoração aos Mortos, lendo as perguntas e respostas, de 320 a 329, de *O Livro dos Espíritos*, publicado por Allan Kardec, editado pela FEB.

14. Doar ou Não os Órgãos

Pense um pouco e responda:

1. Você doaria os seus órgãos para serem utilizados pela medicina em transplantes para outras pessoas?
2. Será que doando os órgãos, isso vai causar alguma lesão à alma, depois da morte?

Para tirar suas dúvidas, preparamos este texto.

A opinião dos Benfeitores Espirituais sobre o transplante de órgãos, segundo o médium Chico Xavier, é a de que se trata de um problema da ciência muito legítimo, muito natural e que deve ser levado adiante. O médium mineiro, no livro *Entrevistas*, diz também que os referidos benfeitores consideram que os transplantes de órgãos não contrariam as leis naturais. Da mesma forma que uma peça de roupa não tem mais utilidade para uma pessoa que a doa a um necessitado, os órgãos não são mais necessários após a morte do corpo físico. Para Chico Xavier, portanto, é muito natural que, ao desencarnarmos, venhamos também a doar os nossos órgãos aos companheiros necessitados, de modo que eles possam utilizá-los com segurança e proveito.

Quanto à situação do doador de órgãos no momento da morte, esclarece-nos ainda Chico Xavier ser a mesma de uma criatura que cede os seus recursos orgânicos para um estudo anatômico, sem nenhuma repercussão no espírito, que se afasta do corpo físico. O doador de órgãos, naturalmente, não passa por sofrimento algum.

Chico Xavier, quando indagado pelo repórter da *Folha Espírita* se o espírita deve doar suas córneas e se haveria alguma repercussão nesse caso para o seu perispírito, respondeu que se a pessoa cultiva desinteresse absoluto em tudo aquilo que ele cede para o outro, e se a noção de posse não mais a preocupa, esta pessoa está em condições de ser doadora e nada irá afetar o seu perispírito. Porém, se a pessoa tiver sentimento de posse, inclusive de objetos ou dos seus afetos, ela não deverá doar seus órgãos, porque ela se perturbará. Portanto, a decisão de doar os órgãos é de foro íntimo, conseqüência do estágio de desprendimento de cada um.

Vamos, agora, responder às perguntas feitas no início do capítulo.

1ª Resposta: O Espiritismo considera que a doação de órgãos é importante, pois salva inúmeras vidas, mas a decisão de doar ou não é de foro íntimo, pertence a cada pessoa.

2ª Resposta: Não, a alma nada sofre com a doação de órgãos, que pertence à lei natural, desde que a pessoa esteja desprendida das coisas materiais, incluindo aqui o próprio corpo que lhe serviu de instrumento na existência terrena.

Sugestão para leitura

O livro *Entrevistas* (Francisco Cândido Xavier/Emmanuel), publicado pela editora do IDE (Instituto de Difusão Espírita), no capítulo "Procurando a Verdade".

15. Aqui se Faz, Aqui se Repara

Diante da maldade de muitos homens e da injustiça humana, como você responde a estas questões:

1. O mal que cometemos, mas que ficou desconhecido e impune, se apaga com a morte?
2. E você sabe qual é a diferença entre prova e expiação?

Veja se suas respostas estão de acordo com os ensinos espíritas, lendo a história abaixo.

Corria o ano de 1769 e Maria Amélia, planejando matar sua prima Tereza Cristina, para que ela não roubasse o seu noivo, levou-a para um passeio a cavalo às margens do rio, onde se encontravam milhares de abelhas mortíferas. Ao chegar ao local, disparou a arma em direção às patas do cavalo em que estava a prima e, em razão disso, o animal empinou, fazendo Tereza Cristina cair no chão, com um grito de muita dor.

Ao ouvir o zumbido das abelhas, Maria Amélia fincou as esporas no seu próprio animal, afugentando a outra montaria, e afastou-se rapidamente. A intenção era que as abelhas atacassem o corpo de Tereza. Quando este foi encontrado quase disforme, pareceu um acidente, pois o tiro não fora ouvido e todos acreditavam que Maria Amélia havia escapado "por milagre".

Embora ela não tivesse acertado contas com a justiça humana, não escapou, porém, de acertar com a Justiça Divina em outra encarnação, sem que fosse preciso que outra criatura lhe servisse como instrumento de justiça.

Também, como Deus é a bondade suprema, jamais irá castigá-la eternamente, enviando-a para o inferno, que não existe, sem lhe dar uma chance de reparar sua falta. E essa chance foi-lhe dada. Você – a partir das manchetes dos jornais da cidade mineira de Uberlândia, em 1969, que destacavam: "Abelhas voltam a atacar moça morta em piquenique" – entenderá como funcionou a Lei de Deus, para que Maria Amélia reparasse sua dívida.

Lendo as notícias, você fica sabendo que abelhas ferozes atacaram um grupo de moças reunidas em um piquenique às margens de um riacho, e que uma delas, a mais atingida, faleceu em um dos hospitais do local.

Dessa forma, Maria Amélia, 200 anos depois, teve morte idêntica à de sua prima Tereza Cristina, reparando, assim, perante a sua consciência espiritual, o erro cometido no passado, conforme comentários do Espírito Hilário Silva, no livro *Histórias da Vida*, editado pelo IDE.

Este caso exemplifica bem a questão das provas e expiações, quando temos de passar por situações que provocarão o resgate de nossas faltas cometidas em vidas anteriores, realizando assim o nosso progresso espiritual.

A propósito, cabe aqui lembrar o ensinamento de Jesus: "A cada um será dado segundo as suas próprias obras" e também o ditado popular: "Aqui se faz, aqui se paga", ou, melhor dizendo, "aqui se faz, aqui se repara".

Agora que você leu o texto, podemos responder à pergunta inicial da seguinte maneira:

1ª Resposta: Não, nenhum mal cometido contra nosso próximo fica sem reparo diante da Lei Divina. Hoje ou depois, pela reencarnação, teremos de reparar o mal cometido através de determinada expiação, pois se a justiça humana falha, a Justiça Divina é perfeita.

2ª Resposta: O Espírito, para evoluir, precisa passar por provas até atingir a perfeição espiritual. E quando, passando por uma prova, o Espírito se desvia pelo caminho do mal, aí ele precisa expiar o seu erro nesta ou em uma futura existência.

Sugestão para leitura

Indicamos o livro *Ação e Reação*, ditado pelo Espírito André Luiz, psicografado pelo médium Francisco Cândido Xavier, editado pela FEB.

16. Eutanásia é Crime

Seja sincero:

Diante do sofrimento de um familiar hospitalizado em situação muito difícil, sofrendo, não é preferível deixá-lo pelo menos morrer em paz?

Veja, abaixo, a resposta do Espiritismo.

Cavalcanti recebeu uma "injeção compassiva" do médico, que não sabia das dificuldades espirituais pelas quais passaria o desencarnado, ao ser expulso da Terra antes do tempo determinado pela Lei de Deus. Na visão deste médico, Cavalcanti estava morto. Mas, na realidade, a sua alma continuava presa ao corpo, inerte em plena inconsciência e incapaz de qualquer ação. Esse fato, narrado pelo Espírito André Luiz, no capítulo 18 do livro *Obreiros da Vida Eterna*, psicografado pelo médium Chico Xavier, demonstra que a alma do falecido é a grande prejudicada nessa história.

Tanto a prática da eutanásia, que é a provocação da morte de um doente desenganado, quanto a da ortotanásia, que consiste no desligamento de aparelhos dos doentes terminais, são sempre formas de homicídio, pelas quais o autor responderá nesta ou em outra encarnação, de acordo com a intenção e causas determinantes.

Como se sabe, a eutanásia, pelo nosso Código Penal, é qualificada como assassínio comum. E, para o Espiritismo, é uma grave violação das Leis Divinas, porque só Deus tem o direito de tirar a vida e mais ninguém, conforme preconizou Allan Kardec em sua obra *O Evangelho Segundo o Espiritismo*. Agora, o que devemos fazer sempre é minorar os sofrimentos da pessoa enferma, empregando todos os recursos ao alcance da ciência médica, e garantir para o enfermo nem que seja um minuto de vida a que tem direito. Esse é o nosso dever.

Diante dessa questão, é importante lembrar que Francisco Cajazeiras, médico e espírita, ao abordá-la sob o ponto de vista científico, filosófico e religioso, no livro *Eutanásia à Luz do Espiritismo*, mostra as conseqüências hediondas da prática da chamada "morte piedosa", pois na visão materialista, que apenas vê o corpo, sem jamais enxergar a alma, é impossível se falar sobre tal assunto.

Agora você já sabe a resposta correta:

Resposta: Não existe dor ou sofrimento que aconteça por acaso ou que seja injusta, e tudo serve ao espírito para a expiação de suas faltas passadas, bem como para impulsioná-lo ao progresso espiritual. E como não sabemos quando a alma se desprende efetivamente do corpo, a eutanásia será sempre um crime, principalmente porque se trata de violação da Lei.

Sugestão para leitura

Leia ainda sobre o assunto a questão nº 106 do livro *O Consolador*, ditado pelo Espírito Emmanuel, psicografado pelo médium Francisco Cândido Xavier e editado pela FEB.

17. Acerca dos Extraterrestres

Filmes de ficção sobre o assunto não faltam.

Mas será mesmo que existem seres extraterrestres morando em outros planetas?

Acompanhe o pensamento da Doutrina Espírita em nosso texto e compreenda melhor essa questão.

Você construiria uma casa com 90 quartos para usar apenas um? Claro que não. Da mesma forma, e com muito mais razão, Deus também não iria criar trilhões de mundos para somente um deles ser habitado e os outros destinados à inutilidade ou, quando muito, para recrearem as nossas vistas. Por isso mesmo, Jesus, na Bíblia, afirmou: "Há muitas moradas na casa de meu Pai".

Não vai demorar muito para a Agência Espacial Norte-Americana (Nasa) provar essa afirmativa do Cristo! Ou seja, provar a existência de humanidades em outros planetas do nosso sistema solar – para tal, criou, recentemente, o Instituto de Astrobiologia, dedicado a estudar a origem, a distribuição e o destino da vida no Universo, com o intuito de busca aos ETs.

Para nós, espíritas, a existência de extraterrestres não tem sabor de novidade, pois, desde 1857, os Espíritos Superiores, em *O Livro dos Espíritos*, revelaram que todos os mundos são habitados. Na *Revista Espírita*, editada em 1858, Allan Kardec já esclarecia que Júpiter é, em nosso sistema solar, o planeta mais adiantado sob todos os aspectos, porque nele só habitam bons espíritos.

Pelo médium Chico Xavier, o Espírito Maria João de Deus, no livro *Cartas de Uma Morta*, narra suas excursões aos planetas Marte e Saturno, dando informações muito interessantes sobre seus habitantes. Segundo ela, as coletividades humanas desses dois planetas são mais adiantadas do que a nossa, e pela Doutrina Espírita sabemos que esse grau de elevação é determinado pelo adiantamento moral de seus habitantes.

Como se sabe, a Terra, na escala da evolução dos mundos habitados, ocupa a segunda categoria – Mundo de Expiação e Provas. Ela já foi um Mundo Primitivo (primeiro grau) e agora se prepara para entrar no terceiro estágio dessa escala, isto é, Mundo de Regeneração. Para tanto, os espíritos violentos e propensos ao mal serão expulsos gradativamente do nosso planeta, para um outro de expiação e provas.

Quando a Nasa viabilizar encontros com os ETs de Marte, de Saturno, de Júpiter, etc., estamos certos de que esses irmãos irão nos auxiliar espiritualmente, para que a nossa Terra atinja mais rapidamente a condição de mundo regenerador. Afinal, a solidariedade é Lei de Deus em ação no universo.

Agora, sem nenhuma dúvida, entendemos que:

Resposta: Diante de um universo com milhões de planetas, por que não existiriam outros mundos habitados? E por que os habitantes desses mundos não poderiam entrar em contato com os terráqueos? Sim, tudo indica que existem seres extraterrestres, ou seja, espíritos, como nós, que habitam outras moradas na casa do Pai.

Sugestão para leitura

Além dos livros citados no texto, indicamos o capítulo III de *O Evangelho Segundo o Espiritismo*, de Allan Kardec, publicado pela FEB.

18. O Inferno Nunca Existiu

Talvez você não acredite, ou, pelo contrário, tenha a crença na sua existência. Então, eis a pergunta:

O inferno existe? E onde ele fica?

Eis o que pensa o Espiritismo a respeito.

Podemos afirmar, de início e categoricamente, que o inferno, local de suplícios eternos para as almas que muito erraram na Terra, nunca existiu. É um conceito que se choca frontalmente com a bondade de Deus.

Allan Kardec, o Codificador do Espiritismo, asseverou com clareza que "se o inferno existisse, jamais teria sido criado por Deus".

Pensemos bem: se o Pai Celestial foi capaz de enfeitar a noite com estrelas, florir os campos verdejantes, pintar o céu de azul e criar as borboletas, verdadeiras flores esvoaçantes, para que sempre houvesse a esperança no coração do homem, esperança que nos alimenta como a seiva das árvores a nutrir seus galhos e folhas, como seria capaz de ser tão cruel, a ponto de criar um lugar destinado ao castigo incessante e eterno de seus próprios filhos?

A bem da verdade, tanto o que se convencionou chamar de "céu" quanto o que se costuma denominar de "inferno" são apenas estados de alma, e não regiões geográficas acima ou abaixo da terra.

Por toda parte do Universo há Espíritos ditosos e inditosos, felizes e infelizes, isto é, cada um tira de si mesmo o princípio de sua felicidade ou de sua desgraça. Trata-se de uma opção individual, pela qual cada um se torna responsável.

"A cada um segundo as suas obras", disse Jesus.

Ao Espírito culpado, Deus sempre oferece, pela reencarnação, ou seja, a volta do Espírito a um novo corpo de carne, a oportunidade de expiar os seus erros, pagar por seus pecados em nova existência e conquistar a condição de Espírito bom e moralizado, seguidor obediente das leis humanas e divinas.

A reencarnação, usando uma força de expressão, "fechou as portas do inferno para balanço" e abriu as portas da redenção para todos os pecadores repararem suas faltas em direção ao supremo bem.

Se Deus, por intermédio de Jesus, recomenda o perdão "até" para os inimigos, como Ele, detentor da bondade suprema, deixaria de perdoar seus próprios filhos, não lhes dando novas oportunidades de reparação e de progresso espiritual?

Como espírita, posso responder:

Resposta: O inferno não existe. Não existe no Universo uma região destinada eternamente para os Espíritos que cometeram o mal, da qual nunca poderão sair. Deus é Pai, bondoso e justo! O único "inferno" que existe é o da nossa consciência culpada! Mesmo assim, diante da Lei Divina, todos nós teremos várias chances para repararmos o mal com o bem.

Sugestão para leitura

Leia o capítulo IV de *O Céu e o Inferno*, de Allan Kardec, publicado pela FEB.

19. Indução Espiritual ao Crime

Eis um assunto muito interessante.

Você acredita que os Espíritos podem levar alguém a cometer um crime?

Se está em dúvida para responder, leia o texto abaixo.

É possível um Espírito desencarnado induzir uma criatura humana a cometer um assassinato? A resposta, de início, é afirmativa. Para você entender melhor essa questão, apresentamos um fato verídico, publicado por Allan Kardec, em 1859, na *Revista Espírita*, editada pela FEB, narrado em carta por Simon M.

Na carta, Simon M. conta a Allan Kardec que havia funcionado como jurado no julgamento de um rapaz, acusado de ter assassinado uma senhora idosa em circunstâncias horríveis. Mas, ao ouvir a declaração do jovem criminoso, em seu depoimento, de que não tinha nenhum motivo para matá-la, o próprio Simon evocou o espírito da senhora desencarnada numa reunião mediúnica, a fim de consultá-la a respeito da culpabilidade do réu.

Veja, a seguir, as respostas dadas pelo Espírito da senhora assassinada às perguntas de Simon:

– O que pensa do seu assassinato?

– Não serei eu quem o acuse.

– Por quê?

– Porque ele foi impulsionado ao crime por um homem que tentou me seduzir há 50 anos, e que, nada tendo conseguido de mim, jurou vingar-se. Conservou na morte o seu desejo de vingança. E aproveitou as disposições do acusado para lhe inspirar o desejo de me matar.

E Simon perguntou, por último:

– Compreendo sua reserva diante da sugestão que o seu assassino não repeliu como devia e podia. Mas a senhora não pensa que a inspiração criminosa, à qual ele obedeceu de tão boa vontade, não teria sobre ele mesmo poder, se ele não tivesse nutrido ou entretido durante muito tempo sentimentos de inveja, de ódio e de vingança contra a senhora e a família?

– Seguramente, sem isso ele teria sido mais capaz de resistir. Eis porque digo que meu inimigo espiritual, para se vingar de mim, aproveitou as disposições do meu assassino. O senhor compreende bem que esse inimigo não teria se dirigido a alguém que tivesse vontade de resistir.

Segundo o próprio Simon, na carta a Allan Kardec, as circunstâncias atenuantes foram admitidas pelo júri, baseadas nos motivos acima indicados, com o que foi afastada a pena de morte. Diante disso, você pode concluir que o homem deve vigiar os seus menores pensamentos malévolos, pois estes têm a propriedade de atrair Espíritos obsessores. E foi isso que Jesus recomendou: "Vigiai e orai para não cairdes em tentação".

Para deixar tudo bem esclarecido:

Resposta: Sim, os Espíritos ligados ao mal podem induzir alguém a cometer um crime, mas isso só acontecerá se essa pessoa também nutrir maus pensamentos, tiver sentimentos de raiva e ódio contra alguém e, ainda mais, se não opuser resistência a essa má influenciação.

Sugestão para leitura

Para compreender melhor esse assunto, leia as questões de números 459 a 472 de *O Livro dos Espíritos*, de Allan Kardec, publicado pela FEB.

20. O Paraíso Não é Material

É natural o homem querer viver em paz e felicidade, por isso perguntamos:

Essa paz e essa felicidade estão no depois da morte?

Entenda o pensamento espírita, fazendo a leitura do texto deste capítulo.

No alto da cruz, Jesus prometeu a Dimas, o bom ladrão: "Hoje mesmo estarás comigo no paraíso". Ora, se três dias depois, Ele, como Espírito materializado, informa a Maria Madalena que ainda não havia subido ao Pai, ou seja, ainda não tinha ido para o paraíso, teria sido, então, a promessa feita na cruz uma mentira?

É claro que não. Jesus jamais mentiria. Mas como entender a promessa feita ao bom ladrão, de levá-lo naquele mesmo dia para o paraíso e só ter-se elevado às regiões celestiais três dias depois?

Para entendermos essa questão, é necessário compreender que Dimas, naquela hora de sacrifício culminante, rendeu-se incondicionalmente a Jesus Cristo, ao arrepender-se de todo o mal que havia feito.

Naquele momento, ele encontrou a paz interior, o paraíso, que é um estado de consciência, não um local determinado no espaço. Eis porque Jesus, ao dizer "hoje mesmo", estava afirmando o que de fato aconteceria.

Vale a pena considerar que o Cristo, ao garantir ao bom ladrão a entrada imediata na Vida Superior, não disse para quê. Mas, como se sabe, ele foi conduzido ao Mundo Maior para ser reeducado e atendido em suas necessidades, a fim de erguer-se e transformar-se.

Na verdade, ninguém conquista a pureza espiritual somente pelo arrependimento. É preciso reparar, antes de tudo, as faltas cometidas e se esforçar continuamente para melhorar a si mesmo. E Jesus deixou claro: "A cada um segundo as suas obras".

É importante esclarecer, ainda, que o Espírito atrasado de hoje, através das múltiplas reencarnações neste mundo, ou em outros mundos habitados do universo, será um anjo de luz, um Espírito perfeito. Somente através da reencarnação, todos os espíritos criados por Deus, simples e ignorantes, podem alcançar a categoria de puros Espíritos.

Portanto, todos nós alcançaremos, pela escada da evolução, a perfeição espiritual, uma vez que não existem privilegiados na criação divina. Vale ressaltar, também, que o regime do "jeitinho" não funciona nas leis de Deus. Contudo, pela Sua justiça e misericórdia, todos os Seus filhos serão salvos, pois, segundo o Cristo, nenhuma ovelha se perderá. Todos, sem exceção, serão salvos.

Bem, respondendo à pergunta deste capítulo, lembre-se:

Resposta: A paz e a felicidade são um estado de espírito. Isso não pode ser comprado ou barganhado. Sem esforço para fazer o bem, amar o próximo e desenvolver virtudes, a morte não pode fazer "milagres".

Sugestão para leitura

Sobre o "bom ladrão", recomendo o capítulo 28 do livro *Boa Nova*, ditado pelo espírito Humberto de Campos ao médium Francisco Cândido Xavier, editado pela FEB.

21. A Injustiça da Pena de Morte

Antes de responder nossa pergunta, pense bem.

Será a pena de morte solução para a violência e a criminalidade?

Agora, pense novamente, mas depois de conhecer o pensamento espírita.

A pena de morte não se apóia em nenhum direito e nunca deteve celerados na prática do mal. Além disso, é muito comum verificarmos erros judiciários, culminando na morte de inocentes. Um desses erros é revelado pelo Espírito Humberto de Campos no livro *Crônicas de Além Túmulo*, editado pela FEB, psicografado pelo médium Chico Xavier. A vítima foi o carpinteiro Bruno Richard Hauptman, condenado injustamente à morte na cadeira elétrica nos Estados Unidos, acusado de ter matado Baby Lindberg.

Queremos ressaltar que o Espiritismo não admite a pena de morte e é frontalmente contrário a ela, com base nas Revelações da Lei de Deus. A primeira delas, como se sabe, recebida mediunicamente por Moisés, no Monte Sinai: os Dez Mandamentos; destaca-se, com relação à pena capital, o quinto mandamento: "Não Matarás".

A segunda Revelação, feita pelo próprio Jesus, ao proclamar o "Amai-vos uns aos outros como Eu vos amei". Neste sentido, nos legou uma lição viva desse amor naquela tarde em que se encontrou com a pecadora diante da multidão, ao dizer, com toda a Sua autoridade moral: "Aquele que estiver sem pecado, que atire a primeira pedra".

A terceira revelação da Lei de Deus – o Espiritismo –, o Consolador prometido por Jesus, também não aceita a pena de morte. Nem mesmo para punir o maior criminoso da face da Terra.

Segundo a resposta dos Benfeitores Espirituais à questão 761, de *O Livro dos Espíritos*, a Allan Kardec, há outros meios de a sociedade preservar-se de um membro perigoso, que não o matando. E concluem, dizendo: é preciso abrir, e não fechar ao criminoso a porta do arrependimento.

Portanto, tal pena que não visa a regenerar o criminoso, a sua recuperação perante a sociedade, atenta contra os mais elementares princípios da moral. Além do mais, do ponto de vista espiritual, o criminoso na realidade é um enfermo e, como doente da alma, deve ser tratado, a fim de recuperar-se diante da Lei de Justiça, Amor e Caridade. Segundo Jesus, "não são os que gozam saúde que precisam de médico".

Então, de acordo com o pensamento espírita, temos:

Resposta: A pena de morte nunca será solução para a violência e a criminalidade, pois a vida continua depois da morte e somente Deus, o Senhor da vida, pode dispor dela.

Sugestões para leitura

Leia ainda sobre o assunto:

O livro *Pena de Morte e Crimes Hediondos*, de autoria de Eliseu F. da Mota Junior, editado pela *Casa Editora O Clarim*; e

Espiritismo e Criminologia, de Deolindo Amorim, editado pelo Departamento Editorial do Centro Espírita Léon Denis.

22. Casamento e Vida Sexual

De vez em quando algum teórico proclama o fim da família, chegando mesmo a defender as chamadas relações abertas.

Afinal, o casamento é um entrave ao progresso da humanidade?

Vejamos o pensamento da Doutrina Espírita a respeito.

Na resposta à questão 701 de *O Livro dos Espíritos*, os Espíritos afirmaram a Allan Kardec que "a poligamia é lei humana, cuja abolição marca um progresso social". Eles disseram que "o casamento, segundo as vistas de Deus, tem que se fundar na afeição dos seres que se unem, porque na poligamia não há afeição real. O que há é apenas sensualidade e nada mais".

A ligação sexual entre dois seres na Terra, segundo Emmanuel, Guia Espiritual de Chico Xavier, na obra *Vida e Sexo*, envolve a obrigação de proteger a tranqüilidade e o equilíbrio de alguém que, no caso, é o parceiro ou a parceira da experiência "a dois". E, muito comumente, os "dois" se transfiguram em outros mais, nas pessoas dos filhos e demais descendentes.

Aconselha Emmanuel que a criatura humana deve evitar arrastamentos no terreno da aventura, em matéria de sexo, para que a desordem nos ajustes propostos ou aceitos não venha a romper a segurança daquele ou daquela que tomamos sob nossa assistência e cuidado, com reflexos destrutivos sobre todo o grupo em que nos arraigamos.

Para o Benfeitor Espiritual, as relações sexuais envolvem responsabilidade. Homem ou mulher, adquirindo parceira ou parceiro para a conjugação afetiva, não conseguirá, sem dano a si mesmo, tão somente pensar em si. Não se trata exclusivamente da ligação com base no matrimônio legalmente constituído.

Se os parceiros da união sexual têm deveres a observar entre si, em face de preceitos humanos, voluntariamente aceitos, no plano das chamadas ligações extralegais, acham-se igualmente submetidos aos princípios das Leis Divinas que regem a Natureza.

Eis, agora, a resposta certa:

Resposta: O casamento representa um avanço, um progresso nas relações humanas, fazendo com que o homem cada vez mais discipline os impulsos sexuais e desenvolva o sentimento do amor.

Sugestões para leitura

Ainda sobre o tema recomendamos o livro *Vida e Sexo*, ditado pelo Espírito Emmanuel, psicografado pelo médium Francisco Cândido Xavier, editado pela Federação Espírita Brasileira (FEB).

Indicamos também o livro *Sexo e Evolução*, de Walter Barcelos, editado pela FEB.

23. Expiação Coletiva

Responda:

Por que em tragédias como terremotos, maremotos, quedas de avião, morrem centenas ou milhares de pessoas?

Saiba que o Espiritismo tem resposta para essa questão. Leia o texto.

O Espiritismo nos explica a causa dos sofrimentos como conseqüência das faltas cometidas pela criatura humana nesta existência ou em encarnações passadas. Esse esclarecimento está de pleno acordo com o ensinamento de Jesus: "A cada um será dado segundo as suas próprias obras". Ou seja, ninguém paga pelo erro cometido pelo pai, pela mãe ou até, como muitos acreditam, por Adão e Eva. A responsabilidade, portanto, é sempre individual!

Mas quanto às mortes coletivas que atingem uma família, um grupo de pessoas, os habitantes de uma cidade ou país, em virtude de um terremoto, por exemplo, a Doutrina Espírita explica, também, que a lei que age sobre o indivíduo é a mesma que age sobre a família, a nação, as raças, o conjunto de habitantes dos mundos, os quais formam individualidades coletivas.

Existem, portanto, as faltas do indivíduo, as da família, as de um país, e cada uma dessas faltas – qualquer que seja o aspecto – é reparada pela aplicação da mesma lei de ação e reação enunciada por Jesus.

Eis porque a reparação dos erros praticados por uma família, ou por um certo número de pessoas, é solidária, isto é, os mesmos Espíritos que erraram juntos se reúnem para sofrer também juntos o resultado do mal praticado, reparando assim suas faltas comuns.

Foi exatamente o que ocorreu em 17 de dezembro de 1961, na cidade de Niterói, em comovedora tragédia num circo. A justiça da lei, através da reencarnação, reaproximou os responsáveis em diversas posições da idade física para a dolorosa expiação.

Segundo o Espírito Humberto de Campos, pelo médium Chico Xavier, no livro *Crônicas de Além Túmulo*, os que morreram no incêndio desse circo foram os que, no ano 177 de nossa era, queimaram cerca de mil crianças e mulheres cristãs na arena de um circo na Gália, região da França, na época do Império Romano.

Dessa forma, cumpriu-se a lei de ação e reação, por intermédio da dor coletiva – remédio que corrige as falhas mútuas. Como cada um é responsável por suas próprias faltas como indivíduo ou como membro de uma individualidade coletiva, uma coisa é certa: todos nós somos responsáveis por nossos atos perante a Lei de Deus.

Diante do exposto, eis o entendimento espírita:

Resposta: Além da responsabilidade individual, existe a responsabilidade coletiva ou social; por isso, nessas tragédias, só desencarnam as pessoas que possuem algum vínculo de existência passada, servindo a tragédia para o resgate coletivo das faltas cometidas contra a coletividade humana.

Sugestão para leitura

Leia o capítulo "Questões e Problemas" do livro *Obras Póstumas*, no qual Allan Kardec estuda as expiações coletivas.

24. Suicídio Não Resolve

Responda:

Diante de dívidas financeiras, de uma separação conjugal ou outra questão de difícil solução, o suicídio é a melhor saída?

Reflita com a história que oferecemos no texto deste capítulo.

Francisco Teodoro, próspero industrial nos idos de 1914, sofreu uma esmagadora crise financeira. Diante da falência iminente e porque alguém o ameaçava com escândalos na imprensa, denunciando-o como negociante desonesto, tirou a própria vida.

Esse fato, com o seu desdobramento no mundo dos Espíritos, está narrado pelo Espírito Hilário Silva no livro *Idéias e Ilustrações*, psicografado pelo médium Chico Xavier. Segundo o Espírito Hilário Silva, o empresário suicida experimentou pavorosos sofrimentos no mundo espiritual, em conseqüência do gesto infeliz.

Depois de 30 anos, o Espírito Francisco Teodoro pôde recuperar-se na espiritualidade. Vale aqui lembrar que os suicidas não ficam órfãos da Misericórdia Divina, porque recebem dos Benfeitores Espirituais todo o socorro e tratamento necessários.

Já recuperado, o Espírito desencarnado do ex-suicida desceu à Terra para rever a fábrica de tecidos que tinha sido sua e que supunha estar em ruínas.

Ao visitá-la, ficou surpreso com o enorme progresso da indústria que fundara. Naquele momento, um amigo espiritual deu-lhe a conhecer que, após cinco dias de seu suicídio, todo o estoque de tecidos da fábrica foi vendido por importância superior a quatro vezes o valor da dívida contraída e que o levara a cometer suicídio.

Diante dessa informação, o industrial suicida mostrou melancólico sorriso, compreendendo que a Bondade Divina não faltara. Ele apenas não soubera esperar. Apenas cinco dias...

Pelo visto, não existe problema sem solução, e, por maiores que possam ser as nossas dificuldades, temos de confiar na Bondade de Deus, que nos criou para a vida e para sermos felizes.

É importante saber que o sofrimento do suicida na vida espiritual é muito grande. Não existem palavras na linguagem humana que possam defini-lo. O desapontamento que experimenta o suicida é uma realidade quando ele verifica que a morte física não eliminou a dor de sua alma; que ele tem de acompanhar a decomposição do corpo e sentir o martírio de relembrar constantemente as cenas do gesto infeliz.

Por tudo isso, à luz dos ensinamentos espíritas, podemos dizer: suicídio não resolve!

Eis, portanto, o que a Doutrina Espírita tem a dizer sobre a pergunta inicial:

Resposta: Não, o suicídio jamais será a melhor saída ou solução para as questões que temos de resolver, pois a vida continua depois da morte e o Espírito carregará consigo todas as preocupações desta existência, com o agravante de responder, perante a Lei Divina, pelo ato cometido contra a vida.

Sugestões para leitura

Recomendamos a leitura de dois livros de nossa autoria: *Suicídio e Suas Conseqüências*, editado pela Mauad em parceria com a ex-USEERJ, atual Conselho Espírita do Estado do Rio de Janeiro (CEERJ), e *Entusiasmo Para Viver e Ser Mais Feliz*, também publicado pela Mauad Editora.

25. Fatos Ignoram Argumentos

Eis mais uma pergunta para você:

Os Espíritos podem interferir na matéria, provocando fenômenos como o fogo espontâneo?

Para esclarecer o assunto, preparamos o texto abaixo.

Em 21 de março de 1999, a mídia televisiva destacou o aparecimento de fogo em vários locais na residência de Amarildo Moraes, em Comendador Venâncio, Estado do Rio de Janeiro.

Pela ciência acadêmica, não é possível explicar esse fenômeno, porquanto as fontes de origem da combustão e do calor são, como se sabe: físicas, provocadas por irradiação solar, calor terrestre e a eletricidade; mecânicas, por atrito, por compressão e percussão, devido à elevação da temperatura de um corpo provocada por pancadas sucessivas; e químicas, quando são combinados dois ou mais elementos químicos produzindo combustão.

Agora, por mais boa vontade que tenhamos, não conseguiremos situar a origem daquele fogo em nenhuma dessas três hipóteses, pelo que assistimos com muita clareza nas matérias apresentadas pelos jornais televisivos.

Por outro lado, não se pode admitir também a possibilidade de "fogo-fátuo". Até seria ridícula tal afirmação, pois isso só acontece nos cemitérios ou nos pântanos, proveniente da inflamação do fosforeto de hidrogênio que sai dos corpos orgânicos em decomposição. A casa de Amarildo não se enquadra em nenhum desses dois casos e também não há explicação para o aparecimento de uma vela acesa em cima da porta de um dos cômodos, estando a casa fechada.

Chegamos, então, ao ponto crítico da questão, ou seja: de onde se originou o fogo? Quem está incendiando maldosamente a casa da família Moraes?

O fenômeno é realmente de ordem espiritual (psicopiroforia). Os Espíritos que atuam no caso, provocando fogo, estão agindo por vingança e, portadores de conhecimentos científicos, manipulam a matéria utilizando a mediunidade de efeitos físicos de alguns dos moradores daquela casa. Allan Kardec, em *O Livro dos Médiuns*, esclarece essa questão.

Por último, podemos afirmar que, quando Deus permite que esses fatos aconteçam, é para despertar os céticos para a realidade da existência da alma. Afinal, diante das cenas documentadas por uma câmera de tevê, fica mais do que provado que a vida continua além da morte. O fato é teimoso, e contra fatos, não há argumentos.

A resposta correta à pergunta é:

Resposta: Sim, os Espíritos podem provocar fenômenos materiais combinando os fluidos espirituais com os fluidos animalizados, utilizando para isso médiuns de efeitos físicos, normalmente presentes no ambiente ou próximos a ele.

Sugestão para leitura

Recomendo para melhor esclarecer o assunto a obra *O Fenômeno Espírita,* de autoria de Gabriel Delanne, editada pela FEB.

26. A Morte Não Santifica

Veja se você consegue responder:

O Espírito, depois da morte, ganha todo o conhecimento e se torna uma alma pura?

Para seu esclarecimento, leia com calma este capítulo.

Disse certo filósofo que, se visitássemos apenas os cemitérios, teríamos certamente uma falsa idéia da humanidade. E ele estava coberto de razão, porque basta a pessoa desencarnar para receber, dos que ficam, a santificação. É comum ouvirmos: "Ele foi para o reino dos céus"; "ela está na glória de Deus" e outras destinações celestiais, embora não seja essa a realidade.

Os epitáfios gravados nas sepulturas confirmam também o que disse o filósofo: "Ao bondoso marido"; "À amada sogra". Parece até que a morte confere ao falecido todas as virtudes e qualidades que, em muitos casos, nunca teve em vida.

A morte, como se sabe, não confere santidade a ninguém como num passe de mágica. O Espírito não se transforma subitamente após a morte do corpo.

A prova disso tivemos, certa feita, numa sessão de desobsessão no Centro Espírita. O Espírito, através de uma médium, declarou-se racista e insistiu que não gostava de pessoas de cor. No entanto, e talvez não por acaso, a médium psicofônica que estava ajudando o orgulhoso espírito, pela chamada incorporação, era uma descendente dos nossos irmãos africanos.

É claro que o Espírito pode modificar-se depois de desencarnado, tanto assim que, na tarefa de esclarecimento, o dirigente da reunião perguntou ao Espírito qual era a cor de Deus. E como não pudesse dar resposta, foi informado de que poderia reencarnar na Terra num corpo amarelo, preto ou vermelho. Então, naquele momento, o Espírito comunicante modificou inteiramente a sua atitude.

Agora, da mesma forma que a morte não dá passaporte a ninguém para ir direto às regiões superiores da vida espiritual, isto é, para o chamado "céu", também não envia ninguém para o denominado "inferno", que, na verdade, nunca existiu. O Espírito, arrependido do mal que fez neste mundo e desejando uma nova encarnação para se purificar, reencarna para expiar suas faltas, a fim de reparar os erros praticados.

Portanto, para a alma santificar-se, para atingir a perfeição espiritual, é preciso que ela tenha se despojado do egoísmo, do orgulho, da vaidade e de qualquer imperfeição moral. E isso só se consegue encarnando, desencarnando e reencarnando inúmeras vezes na Terra ou em outros mundos habitados, da mesma forma como Jesus a conquistou. É da vontade e da justiça de Deus que todos nós, um dia, alcancemos a condição de puros Espíritos, a perfeição espiritual. Só então nossa missão estará cumprida.

Eis a resposta à pergunta inicial:

Resposta: A morte não santifica ninguém. Depois da morte, o Espírito continua sendo o que sempre foi. A evolução se dá progressivamente, de reencarnação em reencarnação.

Sugestão para leitura

Para entendermos as lutas que o espírito enfrenta para progredir, recomendamos dois romances psicografados pelo médium Francisco Cândido Xavier, ditados pelo espírito Emmanuel, nos quais ele narra duas de suas reencarnações; uma como o senador Públio Lentulus, na época do Cristo, no livro *Há Dois Mil Anos,* e posteriormente, na encarnação seguinte, como Nestório, escravo grego nascido na Ásia Menor, condenado à morte num circo romano por ser cristão, por ordem do Imperador Adriano.

27. Vampirização do Alcoólico

Leia a pergunta, reflita e responda.

O alcoólico, ao desencarnar, continua ligado a esse vício?

Está em dúvida? Então veja abaixo o que diz o Espiritismo a respeito.

Pelo médium Chico Xavier, o Espírito do escritor Humberto de Campos comenta que a cobra, cujo bote não alcança mais de uma pessoa, é combatida a porrete e água fervente, e, no entanto, a bebida alcoólica, que é veneno livre, que destrói milhares de criaturas, recebe consagração em eventos sociais.

Diz ainda o Espírito Humberto de Campos, no livro *Cartas e Crônicas*, que "o álcool endoidece artistas, desfibra o caráter de pais de família, provocando muitas doenças graves, além de levar muita gente para o manicômio". E, acrescentamos de nossa parte, nem por isso a infeliz "droga legal" deixa de ser fabricada e vendida.

Neste ponto, gostaríamos de alertar os pais que, para uma pessoa que tenha tendência ao vício, o perigo começa no primeiro gole, em reuniões da própria família. O grande risco também é o de alimentar predisposições nesse sentido, caso os filhos tenham sido alcoólicos em outra encarnação.

Às vezes, a pessoa sente como se uma força estranha tentasse enfraquecer sua vontade de lutar contra o vício. Freqüentemente isso ocorre por influência espiritual. Nesse caso, a pessoa deverá buscar auxílio nas reuniões de desobsessão, e, para tanto, uma pessoa da família, um amigo ou ela própria deve levar seu nome e o respectivo endereço para um Centro Espírita que se oriente pelas obras de Allan Kardec. A finalidade é que os Espíritos obsessores sejam encaminhados pelos Benfeitores Espirituais a essas reuniões, para que, através dos médiuns psicofônicos, mediante o fenômeno chamado de incorporação, sejam despertados pelos médiuns esclarecedores quanto ao mal que estão fazendo.

Nessas reuniões, temos observado que os Espíritos obsessores, ao serem esclarecidos, compreendem o grande mal que estão fazendo a si mesmos e se afastam de suas vítimas. Esses Espíritos agem por vingança, para destruir a pessoa, ou então porque continuam na qualidade de pinguços do além. Isso acontece porque, mesmo depois da morte, continuam dependentes do álcool e, por essa razão, se agarram como vampiros aos alcoólicos, para absorver a emanação fluídica do álcool.

É bom lembrar aos amigos que, ao querer parar de beber, a pessoa receberá um grande auxílio por meio da oração, com um pedido sincero ao Pai Celestial para que tenha forças para abandonar o vício. A prece está ao alcance de todos nós, filhos de Deus.

A pessoa dependente também poderá curar-se participando das reuniões de terapia dos AA (Alcoólicos Anônimos). Depois, deverá lembrar-se da recomendação de Jesus: "Vigiai e orai para não cairdes em tentação".

Eis a resposta da pergunta que abre este capítulo:

Resposta: Sim, o vício do alcoolismo não se dissipa com a morte, pois o Espírito continua ligado a essa dependência, podendo vampirizar alcoólicos encarnados, enquanto não conseguir equilíbrio espiritual para combater essa má tendência.

Sugestão para leitura

Sugerimos sobre esse tema a leitura do livro *As Drogas e Suas Conseqüências*, de Autores Diversos, publicado pela Editora Fonte Viva.

28."Mortos" Falam por Aparelhos

Responda:

É possível falar com os Espíritos através de aparelhos eletrônicos, com o apoio de recursos mediúnicos extraídos dos médiuns?

Agora leia e estude este capítulo.

É perfeitamente possível os Espíritos falarem com os vivos utilizando diversos aparelhos, como telefone, gravador, rádio, televisão e até computador. Coelho Neto, o "príncipe dos prosadores brasileiros", por exemplo, ouviu sua neta desencarnada Ester ao telefone, conforme entrevista concedida ao *Jornal do Brasil*, de 7 de junho de 1923. Segundo o escritor, certo dia sua esposa lhe disse que Julia, sua filha, enlouquecera porque estava falando com Ester na extensão do telefone localizado no andar térreo.

Dirigindo-se ao seu escritório no primeiro andar, Coelho Neto ouviu pela extensão telefônica a voz de sua própria neta. Na entrevista ao *JB*, afastou totalmente a hipótese de mistificação, porque a pequenina voz do além fazia alusões a fatos passados na mais estreita intimidade entre mãe e filha. Depois disso, ele, que havia combatido a Doutrina Espírita com todas as suas forças, passou a estudá-la, publicando em pequeno livro a conferência proferida no dia 14 de setembro de 1924, na Instituição Espírita Abrigo Tereza de Jesus, sobre "A vida além da morte". O texto integral dessa conferência você vai encontrar no livro *Escritores e Fantasmas*, de Jorge Rizzini.

É importante frisar que Coelho Neto estava gozando plenamente de suas faculdades mentais, tanto assim que dois anos depois, em 1926, tornava-se presidente da Academia Brasileira de Letras.

Sobre o assunto comunicação com os mortos, você também deverá ler os livros *Linha Direta no Além* e *Os Mortos Nos Falam*, ambos do padre francês François Brune. Numa entrevista concedida à *Revista Espírita Allan Kardec*, ao ser perguntado se já havia recebido comunicações pessoais de parentes seus, o padre respondeu:

– Não pessoalmente, mas através de médiuns, e também de gravações, recebi comunicações de meu pai, minha mãe e um amigo.

Pela transcomunicação psicoinstrumental, que é a comunicação dos Espíritos por aparelhos, os mortos falam, dando prova de que a vida continua.

Diante dos fatos:

Resposta: os Espíritos podem se comunicar com os homens de diversas maneiras, utilizando os mais variados instrumentos, inclusive os eletrônicos.

Sugestão para leitura

O fato verificado com Coelho Neto está narrado, na íntegra, no livro *Fantasmas e Escritores*, de Jorge Rizzini, editado pela Editora Difusora de Cultura.

29. Oração Pela Paz do Mundo

Terminamos este livro com a prece por nós recebida pela inspiração na terça-feira dia 11/09/2001, diante da destruição das Torres Gêmeas nos EUA, transmitida pela televisão. Esta oração foi publicada no jornal *Extra* em sua edição dominical, na coluna "Em Nome de Deus" do dia 16/09/2001.

"Senhor! Sabemos da nossa impotência diante do ódio e da vingança que armam bombas e mãos criminosas.

Mas nós cremos na Vossa justiça soberana que impera em todo o universo, mantendo o direito e a dignidade de viver a todos os Vossos filhos, e a todos os seres da criação.

Senhor! Compreendemos a nossa fragilidade diante de tanta violência, que faz derramar o sangue de crianças e mulheres indefesas, espalhando a morte e o terror.

Mas nós cremos na extensão de Vossa infinita misericórdia, ao determinar que a vida continue fecundando úteros, povoando a Terra com o sorriso inocente das crianças.

Senhor! Assistimos, estarrecidos, à total negação da mensagem de amor vivida pelo Meigo Rabi da Galiléia, vendo a crueldade destruindo lares com mísseis mortíferos, bombas arrasando os campos floridos e calando as aves dos céus.

Mas nós cremos na Vossa eterna bondade, que ordena ao sol e à chuva fertilizarem o solo arrasado e destruído; ao verde colorir os campos abençoados; às flores enfeitarem os jardins; e aos pássaros de novo cantarem pelo infinito dos céus.

Essa oração é o grito de nossa alma, na certeza de que nos ouvis neste momento, porque sabemos que criastes o homem para ser feliz, para amar, para abraçar seus irmãos, para viver em paz!

Porque cremos, Senhor, que é Vossa a determinação de a paz reinar soberana um dia neste mundo, queiram os homens ou não, e porque cremos que é da Vossa vontade os canhões se calarem para sempre, é que rogamos à Vossa generosidade que inspire os homens a serem verdadeiros irmãos sob o estandarte do perdão e da legítima fraternidade!

Assim seja, porque a Vós pertencem a vida e o poder para sempre!"

30. Para Conhecer Melhor o Espiritismo

1. PARA SABER SOBRE O ESPIRITISMO NO MUNDO

Conselho Espírita Internacional (reúne todos os órgãos nacionais de unificação do Espiritismo no mundo): www. spiritist.org.

TV CEI (do Conselho Espírita Internacional): www.tvcei.com

2. VISITE A PÁGINA NA INTERNET E A LIVRARIA VIRTUAL E ASSINE A REVISTA REFORMADOR da Federação Espírita Brasileira (reúne todos os órgãos estaduais de unificação do Espiritismo no Brasil, e os órgãos espíritas especializados): www.febnet.org.br

3. PARA ENCONTRAR UM CENTRO ESPÍRITA NO SEU ESTADO, ENTRE EM CONTATO COM AS SEGUINTES FEDERAÇÕES ESPÍRITAS ESTADUAIS, QUE COORDENAM OS ÓRGÃOS ESPÍRITAS DE UNIFICAÇÃO REGIONAIS E MUNICIPAIS E OS CENTROS ESPÍRITAS DE CADA ESTADO:

Acre

Federação Espírita do Estado do Acre – (68)224-6389 / 224-7100 /224-1980

Alagoas

Federação Espírita do Estado de Alagoas – (82)336-0109 / 223-8699

Amapá

Federação Espírita do Amapá – (96) 224-1730

Amazonas

Federação Espírita Amazonense – www.feamazonas.org.br

Bahia

Federação Espírita do Estado da Bahia – www.feeb.com.br

Ceará

Federação Espírita do Estado do Ceará – www.feec.org.br

Distrito Federal

Federação Espírita do Distrito Federal – www.fedf.org.br

Espírito Santo

Federação Espírita do Estado do Espírito Santo – www.feees.org.br

Goiás

Federação Espírita do Estado de Goiás – www.feego.org.br

Maranhão

Federação Espírita do Maranhão www.femar.org.br

Minas Gerais
União Espírita Mineira – www.uembh.org.br

Mato Grosso do Sul
Federação Espírita do Mato Grosso do Sul – www.fems.org.br

Mato Grosso
Federação Espírita do Estado de Mato Grosso – www.feemt.org.br

Pará
União Espírita Paraense – www.paraespirita.com.br

Paraíba
Federação Espírita Paraibana – (83)221-3590 / 221-6878

Paraná
Federação Espírita do Paraná – www.feparana.com.br

Pernambuco
Federação Espírita Pernambucana – www.fespirita-pe.org.br

Piauí
Federação Espírita Piauiense – www.fepiaui.org.br

Rio de Janeiro
Conselho Espírita do Estado do Rio de Janeiro – www.ceerj.org.br

Rio Grande do Norte
Federação Espírita do Rio Grande do Norte – www.fern.org.br

Rio Grande do Sul
Federação Espírita do Rio Grande do Sul – www.fergs.org.br

Rondônia
Federação Espírita de Rondônia – www.fero.org.br

Roraima
Federação Espírita Roraimense – (95)623-0770 / 625-1992

Santa Catarina
Federação Espírita Catarinense – www.fec.org.br

São Paulo
União das Sociedades Espíritas do Estado de São Paulo – www.use-sp.com.br

Sergipe
Federação Espírita do Estado de Sergipe – www.infonet.com.br/fees

Tocantins
Federação Espírita do Estado de Tocantins – (63)215-3859

4. ESPIRITISMO NO RÁDIO

Rádio Rio de Janeiro
www.radioriodejaneiro.am.br
Rádio Boa Nova
www.radioboanova.com.br

RÁDIO RIO DE JANEIRO:
OS ÍNDICES DE AUDIÊNCIA COMPROVAM A QUALIDADE
DO SOM E DE SUA PROGRAMAÇÃO ESPÍRITA

1400 AM – para o Grande Rio
(24 horas com você)
E pela Internet, para o Brasil e para o Mundo
www.radioriodejaneiro.am.br
(24 horas em tempo real)

Emissora operada pela
Fundação Cristã-Espírita Cultural Paulo de Tarso

Fale conosco
(0xx21) 2478-1400 / 2461-1400
clubedafraternidade@radioriodejaneiro.am.br

Características deste livro:

Formato: 12 x 17 cm

Mancha: 7,8 x 13,5 cm

Tipologia: Times New Roman 10/14

Papel: Ofsete 90g/m^2 (miolo)

Cartão Supremo 250g/m^2 (capa)

Impressão: Sermograf

1ª edição: 2007

1ª reimpressão: 2008